De l'Unification du Droit Maritime

et

DU RÈGLEMENT DES CONFLITS DE LOIS

par des Conventions Internationales

CONFÉRENCE FAITE AU HAVRE

Aux Cours de Vacances de la

Société Internationale pour le Développement

de l'Enseignement Commercial

Le 20 Août 1909

Par **Laurent TOUTAIN**

Courtier Juré d'Assurances

Membre de la Chambre de Commerce

Secrétaire général adjoint de l'Association Française
du Droit Maritime

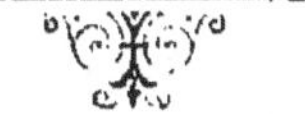

LE HAVRE

Imprimerie du JOURNAL DU HAVRE

11, Quai d'Orléans

--

1909

De l'Unification du Droit Maritime

et

DU REGLEMENT DES CONFLITS DE LOIS

par des Conventions Internationales

CONFÉRENCE FAITE AU HAVRE

Aux Cours de Vacances de la

*Société Internationale pour le Développement
de l'Enseignement Commercial*

Le 20 Août 1909

Par Laurent TOUTAIN

Courtier Juré d'Assurances

Membre de la Chambre de Commerce

*Secrétaire général adjoint de l'Association Française
du Droit Maritime*

LE HAVRE

Imprimerie du JOURNAL DU HAVRE

11, Quai d'Orléans

—

1909

DE L'UNIFICATION

DU DROIT MARITIME

ET

DU RÈGLEMENT DES CONFLITS DE LOIS

par des Conventions Internationales

Conférence faite au Havre par Laurent TOUTAIN

le 20 Août 1909

Messieurs,

En vous souhaitant la bienvenue M. Joannès Couvert, président de la Chambre de commerce, constatait que, sans affaiblir leur puissance nationale ni leur patriotisme, les peuples rivalisent maintenant surtout sur le terrain économique et que leurs luttes sont devenues pacifiques et il saluait en votre Association de Professeurs et d'Étudiants une bonne ouvrière du progrès et de la civilisation. En suivant le cours de ces pensées, il m'a paru opportun de vous inviter à faire trève aux préoccupations de la concurrence vitale et à interrompre l'étude des guerres économiques, de leur tactique et de leurs armes qui sont parfois à deux tranchants comme les tarifs protecteurs, pour aller à la recherche d'un but essentiellement pacifique dans les régious élevées et sereines du droit international. Là on oublie tout ce qui divise pour ne se souvenir que de ce qui unit et on travaille efficacement à rapprocher les peuples et à fondre leurs intérêts.

La mer est, par excellence, le champ propice à ces expériences bienfaisantes. Ce n'est pas assez de citer l'aphorisme connu : la mer unit les peuples qu'elle sépare. En réalité, grâce aux découvertes de la science, pour la navigation et le commerce maritime, le monde n'est plus qu'un seul pays. Malheureusement, il y a autant de lois maritimes que de nations et les divergences de ces lois portent sur certains points essentiels. Il résulte de cette diversité et de ces conflits des troubles profonds dans les opérations du commerce maritime qui mettent en relations des personnes de toutes nationalités et une insécurité permanente dans l'exploitation des navires, dont la fonction est de se déplacer sans cesse d'un pays à l'autre. Les litiges et les frais inutilement multipliés grossissent les risques des affaires maritimes et font davantage ressortir l'injustice de certaines solutions.

La mer est aussi le théâtre de terribles catastrophes qui engloutissent des vies humaines en grand nombre et des valeurs matérielles considérables. Ces malheurs sont souvent causés par la faute des hommes, bien excusable d'ailleurs quand elle se combine avec l'action des éléments. D'autre part, le sentiment de la solidarité humaine est plus nécessaire encore sur mer que sur terre ; il y est plus fort aussi et engendre de nombreux actes d'héroïsme.

Une bonne loi maritime internationale n'améliorerait pas seulement les conditions matérielles du commerce de mer ; elle aurait également ment des résultats heureux pour la justice et l'humanité par le perfectionnement du régime légal de l'assistance et par la fixation uniforme des responsabilités en cas d'accidents occasionnant morts ou blessures.

Avant de songer à régler internationalement les réparations dues à la suite d'abordages fautifs, on s'est d'abord, avec raison, préoccupé de prévenir les catastrophes et de poser les règles internationales dont la violation constituera la faute nautique. Des conventions internationales ont mis en vigueur dès 1862 une réglementation uniforme des feux à montrer et des routes à suivre. Le dernier réglement, consacrant les décisions prises en 1889 par la Conférence de Washington, date de 1897.

D'autre part, le droit maritime international public a été fondé par la célèbre déclaration de Paris en 1856, relative au droit de la guerre maritime. D'importantes adjonctions y ont été faites à la deuxième conférence de la Paix dont les résolutions viennent d'être mises au point par la conférence navale de Londres.

Il a été décidé, notamment, que le jugement des prises serait dévolu en appel à une Cour internationale. On peut espérer que ce gros succès obtenu par la Conférence de La Haye aura sa répercussion sur le droit international privé. On a décidé de puissants États à restreindre leur droit de souveraineté dérivant de faits de guerre : pourquoi ne réussirait-on pas à régler internationalement les rapports pacifiques entre particuliers qui forment l'objet du droit commercial maritime ? Des textes ont été préparés par des Associations privées qui ont tenu des conférences internationales et le commerce maritime de tous les pays est à peu près unanime à en recommander l'adoption.

Les Gouvernements ont été entraînés dans le mouvement. Sur l'invitation du gouvernement belge, une conférence diplomatique se réunira le 28 septembre prochain. Les principaux pays maritimes y seront représentés. On y examinera deux avant-projets de traités internationaux, l'un sur la responsabilité civile des propriétaires de navires à raison des faits et fautes du capitaine et de l'équipage ; l'autre sur les privilèges et hypothèques, présentés tous deux par le Comité maritime internatio nal après avoir été adoptés par la plus récente conférence de droits maritimes tenue à Venise en septembre 1907.

Le gouvernement français a consulté sur ces projets les Tribunaux et Chambres de commerce, ainsi que les groupements collectifs intéressés. La Conférence de Bruxelles est la suite de celle qui tint deux sessions en 1905 et où les représentants de 21 nations, y com pris l'Angleterre, arrêtèrent des projets de conventions relatifs à l'abordage et à l'assistance. Après ce premier accord, revêtu de signatures officielles, une voix autorisée a dit que l'unification du droit maritime est entrée dans un phase décisive.

Cependant il reste encore beaucoup à faire pour obtenir des résultats positifs. D'abord, le gouvernement anglais, qui représente la moitié du tonnage mondial, veut lier les quatre projets et ne passer aux actes que sur cet ensemble. Puis la signature des gouvernements au bas d'une Convention internationale, même ratifiée par les Parlements respectifs, ne suffira pas à réaliser l'uniformité. Un traité de ce genre ne s'appliquera qu'aux litiges impliquant des personnes de nationalités différentes.

Il existe beaucoup de ces conventions : j'ai parlé plus haut de celles qui règlent le droit de la guerre maritime. La Convention de Berne du 14 octobre 1890 s'applique aux transports internationaux par chemins de fer. D'autres

concernent la propriété industrielle, les droits
d'auteur, le mariage, le divorce, la tutelle,
etc. Le règlement international destiné à prévenir les abordages et le code des signaux ont
un effet plus complet ; ils sont, à proprement
parler, universels, parce qu'il existe dans chaque pays des règles identiques s'imposant aux
navires nationaux comme aux étrangers et
dans tous les cas. Pour réaliser l'unification
du droit maritime. il est nécessaire de procé-
der comme en matière de police des mers et
les gouvernements devront obtenir des Parlements la modification de leurs lois nationales,
de façon à les rendre conformes aux textes
des conventions internationales. Il paraît inad-
missible, en effet, que les citoyens de chaque
pays soient successivement soumis à deux lois
différentes, suivant la nationalité de leurs ad-
versaires. Notre ministre du commerce a fait
cette remarque dans la circulaire qu'il a adres-
sée aux intéressés et le gouvernement anglais
a fait d'avance connaître son sentiment en
combattant un projet de loi présenté en 1900
à la Chambre des Communes, à l'effet de pro-
poser une règle nouvelle en matière de responsabilités civiles des propriétaires de navires, par le motif que ce projet ne visait que
le cas d'abordage entre un navire anglais et
un navire étranger sans toucher aux rapports
des navires anglais entre eux, et qu'il aurait pour effet de créer une inégalité cho-
quante.

La question est donc bien posée devant la
prochaine Conférence. Les conventions internationales ne seront qu'une étape vers une loi
uniforme, et l'identité des lois nationales est
le but réel qu'on poursuit.

Je vous ai transporté, Messieurs, au cœur
de mon sujet *in medias res*, suivant le pré-
cepte classique, et j'ai essayé de vous montrer
que l'unification du droit maritime est une

œuvre très actuelle et très viable de progrés économiques et de solidarité humaine.

Je reprendrai maintenant, avec quelques développements, l'étude des deux points suivants :

1° Pourquoi la nécessité d'une loi maritime uniforme se fait de plus en plus impérieusement sentir : en d'autres termes, quelle est l'influence des idées juridiques modernes et des faits économiques contemporains sur l'état de la question ;

2° Quelles tentatives ont été faites pour donner satisfaction à ce grand desideratum du commerce maritime et, particulièrement, ce que sont en substance les projets de traités présentés par le Comité maritime international à l'agrément des Etats et quelle est leur valeur.

I

Le Ministre italien de grâce et de justice a dit, dans un remarquable discours prononcé à l'inauguration de la conférence de Venise, que l'œuvre d'unification est un retour vers l'ordre naturel des choses et un essai de réparation du mal causé par la science juridique et par les gouvernements qui ont substitué à des coutumes, à peu près identiques partout, des lois particulières et divergentes conçues dans un esprit exclusivement national. C'est un fait historique que les coutumes, mêmes fixées par écrit, s'alimentaient à la même source, les traditions et les contrats des navigateurs et des marchands qui, venus de tous les pays, se rencontraient dans les ports C'est ce qui explique la quasi uniformité des coutumes et de la jurisprudence constatées dans des recueils datant de diverses époques et composés dans différents pays : le Consulat de la mer pour la Méditerranée, les rôles d'Oléron et le guidon de la mer pour les côtes de l'Océan, les ordonnances de Wisby et les Recès de la Hanse Teutonique pour celles de la Baltique et de la mer du Nord.

La fameuse ordonnance de la Marine de 1681, une des œuvres les plus universellement admirées du ministère du grand Colbert, dont on vous a cité le nom à plusieurs reprises, contribua plutôt à maintenir l'uniformité, car beaucoup de ses dispositions, éclairées au besoin par l'opinion de Valin, de Pothier, de Emerigon, ses illustres commentateurs, furent appliquées dans toute l'Europe.

De même, le Code de commerce français de 1807, servit d'abord de modèle à beaucoup d'autres codes. La législation maritime devint peu à peu une annexe des lois commerciales codifiées. Mais, dans le courant du XIXe siècle la divergence des législations s'accentua. Un auteur savant et perspicace, M. Verneaux, dans son excellent ouvrage sur l'Industrie des transports maritimes a remarqué que l'immobilité de notre code, qui s'est figé dans des textes vieillis, a beaucoup contribué à ce fâcheux résultat. Le Code allemand de 1861, révisé en 1900, a rompu avec la tradition française et brisé le moule de 1681. Ça été comme on l'a dit, la revanche de l'Allemagne sur le siècle de Louis XIV, et cette œuvre scientifique, mais compliquée et un peu abstraite, a été à son tour, imitée par d'autres pays.

En face de la plupart des nations continentales et Sud-Américaines, dont le droit maritime est écrit et codifié, se dresse l'Angleterre, souvent appuyée par les Etats-Unis, à cause de la similitude des coutumes de ces deux pays. Forte de sa prépondérance, car elle possède la moitié du tonnage mondial, traditionnaliste et coutumière, nationaliste aussi, l'Angleterre persiste dans une conception du droit qui l'isole des autres pays. Elle est ennemie des généralisations et des simplifications si chères au génie latin : elle redoute même la codification des lois commerciales comme un obstacle à leur adaptation incessante aux besoins variables du commerce. Elle s'en tient en général à la Common Law, dont les origines sont aussi difficiles à découvrir que les sources du Nil. Cependant elle a promulgué une loi, d'ailleurs très longue, et très prolixe sur la Marine marchande, qui traite surtout de droit administratif et qui contient quelques dispositions relatives au droit maritime privé. C'est le Merchant shipping act de 1854, revisé en 1894. Mais ces nouvelles dispositions, de même que les anciennes règles, lui sont essentiellement propres et ont échappé à toute influence étrangère.

Cependant un grand mouvement d'opinion se produit actuellement en Angleterre, en faveur de l'uniformité de certaines règles du droit maritime. Les hommes d'affaires de ce pays, avec leur sens pratique, ont compris qu'ils étaient encore plus intéressés que leurs concurrents à se garantir contre les surprises et les inégalités des traitements des législations étrangères, puisque le pavillon anglais domine en général, dans les ports du monde. L'opinion publique suit les armateurs car la marine marchande est l'organe le plus essentiel de la Nation anglaise et le principe de sa force. L'attitude des délégués anglais à la conférence de Venise, a bien montré que leur pays était prêt à faire des concessions pour réaliser des accords internationaux.

Quelles causes ont amené ce revirement heureux de certaines idées juridiques et incliné les peuples en matière maritime vers une sorte d'internationalisme législatif ?

Il faut rechercher ces causes dans des nécessités pratiques dérivant de deux faits principaux : l'internationalisation des affaires ma-

ritimes et la transformation des conditions de
la navigation par la substitution de la vapeur
à la voile et le progrès des constructions na-
vales Ces faits exercent une grande influence
sur les contrats et les risques qui constituent
la matière du droit maritime. Grâce à l'assimi-
lation des pavillons, à l'abolition de certaines
surtaxes différentielles et des pactes colo-
niaux ; grâce aussi à la rapidité des commu-
nications, au télégraphe et au téléphone, des
navires de tous pavillons fréquentent les ports
du globe ; on les affrète en tous lieux pour
des destinations quelconques. Les vapeurs de
lignes régulières font sur leur long parcours
de nombreuses escales en des pays différents
pour y embarquer ou y débarquer des passagers et des marchandises de toutes nationalités. Les assurances maritimes ne sont pas
moins cosmopolites que les transports, car les
Compagnies d'assurances souscrivent en beaucoup d'endroits des risques sur corps et sur
facultés et se les répartissent par delà les fron-
tières au moyen de réassurances.

Il résulte en premier lieu, de ces rapproche-
ments et de cette fusion des peuples dans le
commerce maritime, que par l'effet d'une concurrence intense, les conditions des opérations
maritimes se sont, autant que possible, égali-
sées dans tous les pays. En matière de contrats, la convention fait en général la loi des
parties, sauf exception basée sur l'ordre public. Il y a des conventions d'un usage quasi
universel : telles sont les clauses d'exonération
insérées au profit des armateurs dans les
connaissements à l'égard de certains risques
et surtout en ce qui concerne les faits et fautes
du capitaine et du personnel naviguant. Par
répercussion les assureurs couvrent dans les
polices sur facultés les risques et consé-
quences des clauses des connaissements. Mais
la loi américaine de 1893 dite Harter Act pro-

hibe les clauses d'exonération dites de négligence en ce qui concerne la garde et la livraison des marchandises, et il est très désirable qu'une règle uniforme soit établie sur ce point très important, dans un sens ou dans l'autre,

Une autre clause des connaissements tend à se généraliser sur les lignes régulières : c'est celle qui stipule que le fret est acquis à tout événement et même en cas de sinistre. Cependant, en droit commun, le fret n'est dû que contre livraison de la marchandise à destination et il y aurait grand intérêt à régler internationalement la question de savoir s'il est dû un fret de distance quand le navire ne pouvant achever le voyage laisse son chargement en route. De même, quand un objet a été assuré plusieurs fois dans des pays différents par des personnes ayant un intérêt distinct (vendeur, acheteur, consignataire, banquier) il faudrait appliquer universellement, soit la règle française de la priorité des dates, soit le droit anglais qui laisse subsister toutes les polices en les faisant venir en concours, soit un système intermédiaire. Dans bien d'autres cas, il faudrait au moins déterminer par une convention internationale quelle sera la loi applicable (loi du lieu de contrat ou du lieu de son exécution, loi du pavillon, etc.).

C'est surtout en matière d'obligations extra-contractuelles et de responsabilités légales que les divergences de lois sont profondes et ont des résultats désastreux. C'est la loi qui crée les obligations résultant du quasi délit d'abordage, du quasi contrat d'assistance, ainsi que la responsabilité civile des propriétaires de navires à raison de ces même faits. C'est encore la loi qui organise le régime des privilèges et hypothèques. La convention est impuissante à créer ou à modifier le droit lorsque des engagements se forment en dehors de tout contrat ou en matière de droits réels formellement

réglementés par des textes étroits et impéra-
tifs.

La législation des abordages, la limitation
de la responsabilité des propriétaires de navires, le régime des privilèges et hypothèques
touchent aux conditions vitales du commerce
maritime et spécialement de l'industrie des
armements. Les besoins à satisfaire et les progrès à réaliser se rapportent à l'état actuel du
commerce et de la navigation et non à l'époque de laquelle datent beaucoup de lois et de
coutumes encore en vigueur. Ainsi la navigation à vapeur a considérablement accru les
risques et pertes résultant de collisions en
mer. Par contre, l'assistance est devenue plus
fréquente et plus efficace avec les vapeurs
qu'avec les voiliers

On sait qu'au temps de la navigation à
voile, les navires se rencontraient rarement en
pleine mer et qu'en se heurtant sur les rades
ou dans les ports, ils n'éprouvaient en général
que des avaries légères. Il est malheureusement trop notoire également que les vapeurs,
animés de vitesses bien supérieures et suivant
toujours la ligne droite, dans les deux sens,
ou se coupant la route, sont partout exposés à
de terribles risques de collisions. Lorsque ces
catastrophes atteignent les grands paquebots
modernes le désastre est immense Des intérêts divers ou opposés surgissent alors dans
différents pays pour faire déterminer les responsabilités et obtenir des indemnités. Le plus
souvent, les navires se rejettent réciproque-
ment la faute et chaque intéressé, passager,
chargeur, assureur, etc., ayant le choix entre
plusieurs tribunaux, il y a bien des chances
pour que des décisions différentes ou contrai-
res interviennent, tant sur le point de fait, la
faute nautique, élément complexe et d'une
appréciation délicate que sur le fond du droit,
par exemple sur le mode de partage de la

faute commune ou sur les formalités, délais et prescriptions de l'action en responsabilité de l'abordage.

On a cité le cas typique d'un navire espagnol qui aborda un anglais dans l'Escaut et alla relâcher à Hambourg. Ce navire portait des marchandises françaises. Assigné à Bilbao, à Anvers, à Hambourg et à Paris, il a prétendu que c'était l'anglais qui avait mal manœuvré et l'a assigné à son tour à Londres. La multiplicité des tribunaux compétents, la divergence des lois portent le désordre à son comble, et on a pu dire, non sans raison, que le résultat des procès d'abordage dépend surtout du hasard.

Les condamnations prononcées contre les capitaines auteurs directs du dommage s'exécutent en général contre les armateurs civilement responsables des fautes de leurs préposés. D'après les codes allemand et scandinave, le navire, formant un patrimoine séparé, est la limite de ces responsabilités. Si, dans les pays où la responsabilité personnelle existe, et notamment en France et en Angleterre, cette responsabilité était celle du droit commun et s'étendait sans limitation à ces autres navires et à tous ses biens, l'industrie de l'armement deviendrait pratiquement impossible. En effet, les risques courus sont considérables par leur nombre, leur nature et leur étendue.

Il n'y a guère de sinistres maritimes et surtout de collisions, où la faute et la négligence du personnel naviguant n'ait quelque part. Or les armateurs répondent du fait d'autrui sans pouvoir exercer aucun contrôle ni aucune surveillance sur ce personnel. L'accroissement des dimensions des navires ainsi que la valeur des cargaisons et le nombre des personnes transportées à bord accroissent dans des proportions énormes le poids de ces responsabilités. Les armateurs s'exonèrent en

général dans les connaissements des consé·
quences des fautes nautiques et autres du capitaine, mais celui-ci peut s'engager vis-à-vis
de personnes étrangères au contrat de trans-
port, soit par des contrats passés pour les besoins du navire, soit à l'égard du navire assistant, soit encore par le fait d'un abordage.

La loi française permet à l'armateur de se
libérer des faits du capitaine par l'abandon du
navire et du fret. Le Merchant Shipping act
de 1854 n'admet aucune limitation pour les
contrats du capitaine et fixe comme limite
pour les dommages causés à des choses par
une faute nautique (improper navigation) une
somme à forfait de 8 livres par tonnes de
jauge brute, et une autre limite de 7 livres
pour les accidents de personne. Le cumul de
ces deux limites atteint, par conséquent, 15
livres par tonne La différence essentielle
entre le système de la fortune de mer, qui
existe à l'état rudimentaire dans le code français et qui trouve son expression la plus per-
fectionnée dans le code allemand et le système du forfait adopté par la loi anglaise con-
siste en ce que, dans le premier système, la
responsabilité est limitée à la valeur du navire
fautif ou à ce qui en reste après l'accident et
disparaît avec lui, tandis que, dans le second,
cette responsabilité est indépendante des évé-
nements de mer et renaît à chaque accident si
le navire continue à naviguer. Les créanciers
peuvent perdre tout recours avec les lois con·
tinentales, ils sont certains de toucher au
moins un prorata avec la loi anglaise.

Les armateurs de tous les pays éprouvent
du fait de cette dualité de système de limitation de leur responsabilité un très grave pré-
judice. Ceux du Continent peuvent être con-
damnés en Angleterre à payer 8 ou 15 livres par
tonneau et pourront voir saisir à toute époque
d'autres navires leur appartenant pour par-

faire la somme impayée par le navire fautif, coulé ou avarié. Ce supplément de risque n'est pas assuré, car les polices d'assurances souscrites sur le Continent ne couvrent qu'une fois la valeur du navire, parce qu'elles se réfèrent à la faculté d'abandon. Les armateurs anglais se plaignent, avec non moins de raison, de ce que la différence des deux limitations donne, en quelque sorte, une prime à l'armement étranger. En effet, des calculs très sérieux établissent que la valeur des navires étrangers après la collision, en tenant compte, par conséquent, des avaries et du pourcentage de pertes totales, est de 4 livres par tonne, alors que la loi anglaise impose une responsabilité du double, sans compter les 7 livres à ajouter en cas d'accident corporel.

Les changements survenus dans les conditions du commerce ont eu encore pour conséquence de développer et de transformer le crédit maritime. L'institution récente, dans presque tous les pays du monde, de l'hypothèque maritime (qui a été constituée différemment en Angleterre en 1862 sous le nom de mort gage) a permis d'employer les navires eux-mêmes comme moyen de crédit à l'effet de procurer à l'armement, à un taux modéré, les capitaux considérables qu'exige la construction et l'exploitation des flottes modernes. Par contre, l'importance économique des principaux privilèges a beaucoup diminué. Le vendeur ou le constructeur d'un navire peuvent prendre une sûreté hypothécaire plus durable que le privilège que leur accorde notre code et qui s'éteint avec un voyage. En cours de voyage, le capitaine use du télégraphe ou bien, lorsqu'il appartient à une grande compagnie, il trouve partout sur sa route des agences ; l'armateur peut lui envoyer de l'argent par l'intermédiaire de banques d'Outre-mer ; bien souvent, les assureurs font leur part des fonds.

Souvent aussi, les fournisseurs et chantiers de réparation ayant des moyens de se renseigner font crédit à l'armateur bien plutôt qu'au navire. L'expédient coûteux du prêt à la grosse est devenu rare dans la pratique.

Il n'y a donc pas de raison de sacrifier l'hypothèque aux privilèges. C'est ce qui a lieu cependant, car le préteur hypothécaire, dont le droit est inscrit sur des registres publics, est primé par des créanciers privilégiés occultes. Ceux-ci, passant avant lui, absorbent tout ou partie du gage. Ces dangers existent surtout lorsque le navire est saisi et vendu dans un port étranger sous l'empire d'une autre loi ; car, en cette matière, les tribunaux appliquent généralement leur loi nationale. Des privilèges inconnus dans le pays où le navire est enregistré et hypothéqué surgissent alors. Ainsi les tiers (navires, chargements, passagers) lésés par un abordage, sont privilégiés en Angleterre et en Belgique. Ils ne le sont pas en France et dans beaucoup d'autres pays Le Code de commerce français reconnaît dix privilèges, d'autres en comptent jusqu'à quinze. L'hypothèque sera donc souvent sans effet utile et pourra même être annulée dans certains pays qui l'ignorent encore. Les créanciers privilégiés sont livrés aux mêmes incertitudes. Leurs privilèges sont, en général, fragiles d'après la loi de leur pays et ils le sont encore plus à l'étranger.

Certaines législations, entre autres le Code français, subordonnent l'existence de la plupart des privilèges à des formalités compliquées et surannées. Par exemple, le prêteur à la grosse, dans un port de relâche, qui a omis de faire dresser par le capitaine les états et les délibérations signés de l'équipage prescrits par le paragraphe 5 de l'article 192, perdra son privilège en France. La durée et les modes d'extinction des privilèges varient également

de pays à pays. Leur rang n'est pas moins capricieusement fixé. Ainsi la créance du chef
d'abordage et de l'indemnité d'assistance, dans
les pays où elles sont privilégiées, occupent
des rangs tout à fait différents variant du
premier au quatorzième pour la première et
du premier au sixième pour la seconde. Les
gages de l'équipage vont du deuxième au sep-
tième rang, etc.. etc.

Comme je viens de le montrer, le but essentiel de tous ceux qui, dans tous les pays, s'inté-
ressent aux progrès du droit maritime international, est d'instituer une loi universelle
qui prendra dans les diverses législations ce
qu'elles ont de meilleur et qui supprimera
l'objet même des conflits.

Toutefois cette solution. presque parfaite,
n'est pas la seule qu'on doive envisager. Il y
aura longtemps encore et probablement toujours des conflits parce qu'il ne paraît pas possible d'unifier toutes les matières du droit maritime. Il convient donc d'adopter à la spécia-
lité des affaires maritimes les principes du
droit international privé qui servent à régler
les litiges entre personnes de nationalités différentes. Par exemple, les difficultés dérivant
du contrat d'affrètement et relatives soit aux
fret dû en route ou à destination, soit aux
clauses d'exonération au profit de l'armateur
doivent-elles être résolues d'après la loi nationale du navire ou d'après celle du lieu de
conclusion du contrat (généralement le port
de départ) ou encore d'après celle du lieu
d'exécution (port de débarquement) ? Des questions analogues se posent au sujet de la propriété des navires et de la publicité requise
pour la transférer vis-à-vis des tiers, etc.

Il arrive donc fréquemment qu'un débat pré-
liminaire s'engage au sujet de la loi à appliquer et les tribunaux ont une tendance bien
naturelle à appliquer leur propre loi (*lex fori*).

Supprimer ces procès préliminaires en déterminant d'avance, par une convention internationale, quelle sera la loi applicable dans tel ou tel cas impliquant des personnes de nationalité différente, serait déjà un avantage très appréciable. Mais c'est encore un résultat imparfait et un palliatif très insuffisant, car l'insécurité dont souffrent les affaires maritimes, ne résulte pas seulement du conflit mais aussi de la divergence des lois.

On a parfois proposé de suppléer à l'uniformité des législations, qui paraît un but trop difficile à atteindre, par un procédé plus simple et plus rapide qui consisterait à généraliser l'application de la loi du pavillon. De cette façon, dit-on, les participants à l'aventure maritime auraient la possibilité de mesurer d'avance, en consultant d'avance la loi nationale du navire, l'étendue de leurs droits et de leurs obligations.

Je ne suis pas convaincu, pour ma part, qu'il soit plus facile de généraliser, par une convention internationale, l'application de la loi du pavillon, que d'unifier le fond du droit sur la plupart des matières où les législations entrent en conflit. La loi uniforme devenue la loi de chaque pays sera le résultat de négociations et de transactions et représentera une moyenne d'opinions librement acceptée par tous. Mais il répugne aux sentiments très élevés et très forts qu'ont toutes les nations de leur souveraineté judiciaire et de la protection de leurs nationaux, d'obliger leurs tribunaux à appliquer à ceux-ci des lois étrangères multiples et diverses. D'ailleurs, la détermination de la loi à appliquer entraînerait bien des complications lorsque le litige existe entre deux navires, abordeur, abordé, assistant, assisté. De quel navire choisira t-on le pavillon ? Et que décider en cas de faute commune ? En matière de privilèges et hypothèques, on a posé à la conférence d'Amsterdam, en 1904, la question de savoir s'il y avait lieu d'établir une loi uniforme ou d'appliquer la loi du pavillon, et la réponse a été en faveur de la loi uniforme. En résumé, le réglement des conflits de la loi par la loi du pavillon ou autrement, ne paraît devoir être considéré que comme un objet accessoire dans le travail d'unification du droit maritime.

On a essayé d'une troisième méthode pour unifier le droit maritime et on a cherché à établir certaines règles, uniformes conventionnelles à l'exemple des règles d'York et d'Anvers qui sont entrées dans la pratique maritime universelle par l'insertion de clauses de références dans les chartes-parties et les connaissements. De même on rédigerait des clauses qui constitueraient en partie un type unique de connaissements et de polices d'assurances.

Dans cet ordre d'idées, on peut citer les règles d'affrètement de la Conférence de Londres en 1893, conclues dans un esprit analogue au Harter Act.

Ces règles n'ont eu aucun effet pratique. En matière d'assurance. l'International Law Association élabora définitivement au Congrès de Glasgow en 1901 un ensemble de règles relatives à la perte totale, au délaissement à la multiple assurance. Ces textes sont demeurés pratiquement ignorés et on ne saurait leur prédire un vif succès sur le Continent, car ils sont une émanation, assez confuse pour des esprits latins, du droit anglo-saxon. Un examen attentif réduirait même à des proportions modestes le succès souvent vanté, des règles d'York et d'Anvers.

D'abord ces règles sont loin d'être universellement adoptées. Surtout elles n'apportent qu'une contribution très imparfaite à l'unification du droit, car elles ne se composent que de quelques solutions d'espèce, unifiant la coutume et la jurisprudence sur des points spéciaux qui se rencontrent très fréquemment, mais sans poser de principe et en dehors de tout esprit de généralisation. Il en résulte que le juge ou le dispacheur doivent continuer à trancher d'après leur propre loi beaucoup de questions et des plus importantes.

En somme, on peut tenter parallèlement à l'intervention diplomatique et parlementaire, une action privée, tendant à unifier les contrats par des clauses conventionnelles concertées : mais on ne doit pas attendre de ce dernier moyen un résultat définitif et complet ; il ne vaut que comme transition et préparation à l'unification des lois qui ne peut résulter que de l'intervention des Gouvernements.

II

Depuis plus d'un demi siècle, des associations composées des jurisconsultes et des praticiens travaillent à unifier le droit maritime. Une association internationale née en Angleterre, appelée d'abord l'Association pour la réforme et la codification du droit des gens et ensuite l'International Law Association a tenu presque annuellement ses assises dans différentes villes d'Europe et des Etats-Unis, et abordé successivement toutes les principales matières du droit maritime. C'est à elle qu'on doit principalement la rédaction et la propagation des règles d'York et d'Anvers. L'Institut de droit international est une institution continentale analogue à la précédente. En dehors des réunions tenues par ces Associations, il y a eu de grands congrès de droit commercial, qui se sont spécialement occupés du droit maritime et ont accompli des travaux remarquables qu'on consulte toujours avec fruit, soit pour réviser les codes de chaque pays, soit pour élaborer à nouveau des textes de lois maritimes universels. Deux de ces Congrès furent convoqués par le gouvernement Belge à l'occasion des Expositions internationales à Anvers en 1885, et à Bruxelles en 1888. Une autre fut tenu à Gènes en 1892 et coïncida avec de grandes fêtes en l'honneur de Christophe Colomb.

L'œuvre de ces Congrès échoua en ce sens qu'aucun des textes proposés n'est devenu loi internationale. On peut attribuer vraisemblablement cet insuccès à deux causes principales : 1° programme trop vaste, embrassant presque toutes les matières du droit maritime ; 2° absence d'organe permanent s'occupant de poursuivre auprès des gouvernements, l'exécution des résolutions prises. L'œuvre était à reprendre à la base et suivant un plan méthodique. C'est ce qu'ont compris, en Belgique d'abord et dans d'autres pays ensuite, des hommes d'une intelligence supérieure et d'un grand désintéressement, qui ont créé et fait fonctionner le Comité maritime international et les diverses Associations nationales dont il est le centre et le lien permanent. MM. Louis Franck et Ch. Le Jeune fondèrent à Anvers, en 1897, le Comité Maritime International. Ils en offrirent la présidence à M Bernaert, alors président du Conseil des ministres belge, qui l'occupe encore aujourd'hui, et acceptèrent, le premier, les fonctions de secrétaire général, le second, celles de vice-président.

Ce Comité se compose, aujourd'hui, de 80 membres environ, appartenant à toutes les nationalités. C'est, en quelque sorte, le cerveau qui conçoit l'idée, centralise les perceptions et dirige l'action de tout l'organisme. Sous l'impulsion du Comité Maritime International, des Associations nationales de droit maritime se sont constituées dans les princi-

paux pays d'Europe, y compris l'Angleterre.
Ces groupements sont, aujourd'hui, au nombre
de 21 : les Etats-Unis, la République Argen-
tine, le Japon figurent sur la liste et leur
active collaboration mérite à tous égards d'être
remarquée. L'Association française a été successivement présidée par des hommes qui
illustrent la science et la pratique du droit,
MM. de Valroger, Marais, Autran, Lyon Caen,
président actuel M. Autran fonda l'Association en qualité de secrétaire général et la fit
prospérer. Son rôle dans les conférences internationales a été particulièrement brillant. M.
Verneaux lui a succédé comme secrétaire général

Ces Associations, dont le Comité Maritime
International est le lien fédératif, ont une au-
tonomie complète. Elles répondent aux ques-
tionnaires que leur adresse le Comité Maritime
International, préparent des rapports pour les
grandes conférences, et y envoient des Délégués. Elles s'occupent aussi d'améliorer leurs
lois nationales et acquièrent ainsi une légi-
time influence dans leur pays respectif.

Le Comité Maritime International a tenu
depuis 1897, huit conférences, avec le concours de ces Associations Nationales : à Bruxelles en 1897, Anvers 1898, Londres 1899,
Paris 1900, Hambourg 1902, Amsterdam 1904,
Liverpool 1905. La dernière, celle de Venise,
a eu lieu en Septembre 1907. Elle a réuni des
délégués de 14 nations et de toutes les bran-
ches du Commerce maritime et elle a pris, avec
le concours des Anglais, qui y étaient large-
ment représentés, des résolutions de la plus
haute importance. Toutes ces conférences se
tiennent : le Comité Maritime International a
fixé leur programme : elles se sont elles mêmes prolongées dans des Commissions internationales chargées de mettre définitivement
en forme leurs résolutions.

De ce méthodique et permanent effort sont sortis les quatre avant-projets de traités actuellement examinés par les Gouvernements, plus un avant projet adopté en première lecture à Hambourg en 1902, sur la compétence en matière d'abordage et en dernier lieu, un programme et des travaux préparatoires pour la prochaine conférence qui se réunira à Brême le mois prochain. Ce programme comprend : la législation du fret et une très grosse question sur laquelle l'accord n'avait pu se faire précédemment, celle des dommages-intérêts en cas d'accidents de personnes.

J'ai montré précédemment que les quatre projets de Codes sur l'abordage et l'assistance, sur la responsabilité des propriétaires de navires, et sur les privilèges et hypothèques bien raliés entre eux, formaient un *corpus juris* donnant satisfaction au besoin d'uniformité de législation dans les matières où il se fait le plus impérieusement sentir.

Il me reste maintenant à indiquer les dispositions fes plus caractéristiques de ces projets en les comparant principalement aux textes de notre Code.

Un abordage peut être fortuit ou douteux, ou dû à une faute commune des deux capitaines ou encore, à une faute du pilote ou du remorqueur. Si l'abordage est fortuit, ou même douteux, chacun garde ses dommages (art 2). C'est l'application du principe que le demandeur doit faire la preuve, principe méconnu par l'art 407 du Code de Commerce Français, qui décide qu'en cas de doute il sera fait masse des dommages qui seront partagés par moitié. En cas de faute commune, l'article 4 décide que la responsabilité de chacun des navires est proportionnelle à la gravité de sa faute. C'est le système de la jurisprudence française et le plus généralement suivi. Mais en Angleterre, on divise le dommage total par moitié.

Des complications surgissent en cas de faute
commune au point de vue du recours de la
cargaison et des passagers. Ceux-ci suivent ils
le sort du navire qui les porte et ne peuvent-
ils poursuivre l'autre navire que pour la proportion correspondante au partage de la faute,
ou peuvent-ils le poursuivre pour le tout *in
solidum ?* Les clauses d'exonération des connaissements donnent un grand intérêt à cette
question, car elles protègent le navire fautif
contre les recours directs de sa propre cargaison. Mais le système de la solidarité annule en
partie les effets de cette clause puisque le
navire qui a indemnisé complétement les
chargeurs et passagers de l'autre navire aura
son recours contre celui-ci pour l'excédent de
sa part. L'article 4 décide avec raison que chaque navire ne peut être poursuivi que pour sa
proportion de faute sans solidarité. Cette solution est contraire à la Jurisprudence française
et conforme à la coutume anglaise.

Aux termes de l'art. 6, le navire demeure
responsable de l'abordage causé par la faute du
pilote obligatoire. C'est le système français qui
n'admet pas que le pilote dessaisisse le capitaine de son commandement. Au contraire, les
Législations anglaises et allemandes, assimi-
lent le fait du pilote imposé à un cas de force
majeure. La responsabilité respective du remorqueur et du remorqué, est réglée par l'article 7 dans le sens de la responsabilité civile
du remorqué employeur (sauf recours) et de la
responsabilité directe du remorqueur dans la
proportion de sa faute.

Les articles 8 et 9 ont une importance capitale, car ils suppriment les diverses formalités de protèt et d'assignation dans des délais
capricieusement variables suivant les pays, et
généralement très courts, véritables pièges
pour les capitaines étrangers, et causes fré-

quantes de dénis de justice. En France, la loi du 24 mars 1891 a heureusement supprimé l'obligation de protester dans les 24 heures de l'arrivée au port et d'assigner dans le délai d'un mois. D'après cette nouvelle loi, le délai de prescription est de un an à partir de l'abordage : il est porté à deux ans dans le projet de traité.

L'article 10 reproduit l'obligation de secours imposée à chacun des navires en collision et dictée par la loi française de 1891, qui l'a empruntée aux Merchand Shipping Act et à quelques autres Codes

Le projet de convention sur le sauvetage maritime contient quelques dispositions fort importantes. L'article 2 pose le principe d'une équitable rémunération du service rendu, sans distinction entre le sauvetage et l'assistance.

En Angleterre, il n'y a qu'un seul mot « salvage » et une seule manière de fixer l'indemnité ; c'est de la proportionner au service rendu en appréciant les circonstances de l'accident. L'ordonnance de 1681, qui est encore appliquée en France, fait l'attribution obligatoire d'un tiers aux sauveteurs d'effets naufragés. Il n'y avait pas lieu de maintenir ce principe qui repose sur le partage de la propriété abandonnée et devenue une épave, abstraction faite du mérite et de l'effort des sauveteurs. L'article 7 prescrit au juge de fixer la rémunération en tenant compte des dangers courus par l'assisté, du concours de l'assistant et de la valeur des objets en risque et il lui défend d'allouer une quotité fixe de la valeur des objets sauvés.

Je passe sur les dispositions qui refusent, en règle générale, une rémunération pour l'assistance prêtée par ceux qui ont normalement loué leurs services aux navires (remorqueurs, pilote, équipage) et je signale l'article 8 qui décide que tout contrat fait en mer sous l'influence du péril est sujet à rescision. Là encore, le juge apprécie souverainement les circonstances. Il en est déjà ainsi dans la plupart des pays et l'article 743 du Code allemand formule une prescription analogue.

Le projet du Code de Sauvetage est muet sur la plus grosse question, celle de l'obligation. Y a-t-il lieu d'étendre l'obligation imposée aux navires en collision à tous les cas où un navire est en danger de se perdre ? La loi italienne sur la marine marchande est la seule qui ait jusqu'ici étendu de la façon la plus large et la plus humaine le devoir d'assistance à la mer. La Conférence diplomatique réunie à Bruxelles en 1905 a heureusement réparé cette omission qui s'explique par les objections très sérieuses en théorie et surtout en pratique que des juristes et des hommes d'affaires avaient opposées dans des conférences privées à une contrainte souvent onéreuse et parfois périlleuse. On comprend aisément l'hésitation de simples particuliers à préjuger la possibilité de l'accord international sur une question où les idées humanitaires se choquent à des intérêts positifs et à des difficultés matérielles. Mais les représentants accrédités des Etats ont fait prévaloir le devoir d'humanité et, dans un coup d'œil d'ensemble, ils ont aperçu la solidarité des pavillons donnant et recevant alternativement l'assistance.

Au point de vue pratique et dans un esprit de justice, aussi bien pour prévenir les défaillances que pour couvrir les capitaines, qui font tout leur devoir moral, il faut inscrire l'obligation d'assistance dans la loi et lui attacher une sanction pénale.

J'ai déjà dit qu'aucun pays n'admet à l'heure actuelle la responsabilité illimitée des propriétaires de navires à raison des actes du capitaine, surtout en ce qui concerne

les fautes nautiques, afin de ne pas faire
peser sur l'armement des risques excessifs
et inassurables, mais que les systèmes de
limitation sont différents. La Conférence
de Venise laisse l'option à l'armateur entre les
deux limites continentales et britanniques ; il
pourra, à son choix, soit laisser saisir et exé-
cuter le navire et le fret, soit payer une
somme à forfait. fixée à 8 fr. par tonneau de
jauge brute Ce n'est pas tout. Le projet de
loi internationale organise le patrimoine de
mer et détermine les éléments dont il se compose avec faculté de substituer au navire sa
valeur à la fin du voyage.

Dans ce système, la fortune de mer forme le
seul gage des créanciers et le propriétaire
peut la conserver, soit en la libérant immédia-
tement par le paiement à forfait de 8 fr. par
tonne, soit en payant aux créanciers la valeur
du navire et du fret à la fin du voyage. La
juxtaposition des deux limites, imaginée
d'abord par M. R. Verneaux et finalement
adoptée, procure à l'armement des avantages
considérables Elle n'accable pas. comme la loi
anglaise, les navires de faible valeur et ne
laisse pas, comme les lois continentales, la
responsabilité croître avec la valeur des navires, au détriment des plus neufs et des plus
perfectionnés. Elle permet après un abordage
la libération immédiate et le départ du navire
attaqué en responsabilité, sans expertise et
sans discussion sur la valeur, en donnant sim-
plement caution pour une somme calculée à
raison de fr. 8 par tonneau. Les inconvénients
pratiques du système sont à peu près nuls.
C'est dans l'assurance que les chargeurs trou-
vent à des taux très bas leur sécurité contre
les risques de mer. Du fait de cette double
limitation, les assureurs verront, il est vrai,
l'étendue de leur recours diminuer, mais,
comme toutes leurs opérations sur corps et sur

marchandises entrent dans une balance finale,
ils ne seront pas lésés.

La fortune de mer comprend le navire, le
fret brut et les passages afférents au voyage
Elle ne comprend pas l'indemnité d'assurance
pour pertes ou avaries, ni les subsides donnés
par les différents Etats sous forme de primes
à la navigation ou de subventions postales.
Ces solutions sont celles de la jurisprudence.
Mais on les a vivement critiquées dans la doc·
trine. On trouve surtout injuste que lorsque le
navire fautif a péri, l'armateur assuré demeure
indemne de toute perte, tandis que les victi-
mes de l'accident n'ont aucun recours effectif.
Cependant, il est préférable de s'en tenir au
principe que l'assurance est un contrat à part,
absolument facultatif et dont les tiers ne peuvent revendiquer le bénéfice. D'ailleurs cha
cun a l'assurance à sa disposition pour couvrir les risques de mer. Comme l'a très bien
dit M de Courcy, l'institution des assurances
a profondément changé les mœurs et les nécessités de l'ordre public en mettant à la portée
de tous un nouveau mode de protection et de
réparation des dommages éprouvés, très supé-
rieur aux recours si souvent illusoires des
temps anciens.

J'ai déjà signalé une lacune très importante
qui restreint la portée des limitations proposées. Les réclamations pour perte de vie humaine ou blessures, sont exclues de ce traité.
On peut espérer qu'à la suite de la conférence
de Brème, l'accord se fera sur la question des
recours pour accidents corporels, qui est d'une
importance capitale à un double point de vue.
D'abord, en cas d'événement quelconque ; nau·
frage, échouement, incendie, abordage,
causé par une faute du personnel naviguant,
les personnes lésées peuvent attaquer le navire
qui les transporte. D'autre part, les tiers, vic-
times d'un abordage, ont une action en dom-

mages-intérêts contre le navire abordeur. Avant de limiter cette responsabilité il est logique de l'établir et de la définir sous ses diverses formes. Il est intéressant de connaître l'appréciation que l'Association française du Droit Maritime a formulée récemment sur ces délicates questions, dans une réunion préparatoire à la conférence de Brême.

Deux opinions étaient en présence. D'après les armateurs, il convient de s'en tenir au droit commun. L'armateur pourra user des clauses d'exonération à l'égard des passagers et opposer l'une ou l'autre des limitations proposées à la Conférence de Venise. C'est à l'assurance libre et facultative qu'il convient d'avoir recours pour couvrir les risques des personnes et procurer des compensations pécuniaires effectives La plupart des jurisconsultes et des assureurs ont été d'avis qu'il y a lieu d'admettre pour les accidents corporels, une responsabilité personnelle de l'armateur, mais limitée à un certain montant, calculé soit par tonne, soit par victime avec un maximum par accident. Cette responsabilité devra être d'ordre public et on ne pourra s'en exonérer par convention. C'est cette dernière opinion qui l'a emportée.

L'Association a pensé d'autre part que les accidents survenant aux hommes de l'équipage et aux ouvriers des ports constituaient le risque professionnel, régi par des lois nationales, et qu'il n'y avait pas lieu d'établir à cet égard des règles internationales. En France, en Belgique, en Allemagne, en Angleterre, il existe des lois distinctes sur les accidents des marins et des ouvriers.

Des quatre traités proposés à l'examen de la prochaine conférence diplomatique à Bruxelles, le dernier, celui relatif aux privilèges et hypothèques est le seul qui suscite une vive opposition. On s'entendra assez facilement sur un premier point réglé par l'article 1er. Il est très juste et très utile que les hypothèques ou gages sur navires régulièrement établies et rendues publiques dans leur pays d'origine soient respectés dans les autres pays et y produisent tous leurs effets Cependant, si on rend l'hypothèque valable partout, il faut que partout aussi, elle puisse être connue des personnes qui traitent avec le navire sans exiger d'être payés avant le départ. Tel est le cas des pilotes, remorqueurs, prêteurs et fournisseurs. Il est donc indispensable que l'hypothèque soit inscrite au port d'attache du navire sur un registre spécial identique dans tous les pays afin que les étrangers puissent se renseigner promptement et avec certitude. L'idéal serait que ces renseignements puissent aussi être pris à bord du navire et que l'hypothèque apparut par une inscription obligatoire sur l'acte de nationalité.

L'art. 3 opère une révolution dans le système des privilèges. On en reconnait que 4 dans l'ordre suivant :

1° Frais de justice, taxes et impôts publics, frais de garde et de conservation (ce sont les frais indispensables à la réalisation du gage dans le port où le navire est saisi et vendu) ;

2° Les gages du capitaine et de l'équipage pour le dernier engagement et pendant une durée de 6 mois au plus ;

3° Les indemnités dues pour sauvetage et assistance, les indemnités dues à un autre navire à sa cargaison, à son équipage et à ses passagers. à raison d'un abordage ou de tout autre accident résultant d'une faute nautique du navire.

Les idées anglaises ont prévalu sur les idées continentales. D'abord, on sacrific à l'extension du crédit hypothécaire la plupart des privilèges admis par le Code Français et beaucoup d'autres législations. Les créanciers propres du navire ne sont plus privilégiés, même ceux qui ont rendu des services ou fait des avances nécessaires ou utiles à l'expédition maritime, pilotage, prêts, fournitures ou réparations pendant le dernier voyage, primes d'assurance payables à terme.

On a objecté que ce projet pourra nuire aux petits et moyens armateurs auxquels il faut du crédit, soit avant le départ pour la mise dehors du navire (qui comprend la prime d'assurance), soit en cours de voyage et souvent dans des cas de première nécessité (réparations à effectuer, charbon à acheter, etc.). D'autre part. par une singulière contradiction, on emprunte au droit anglo-américain, un privilège plus dangereux pour les armateurs et les créanciers (sauf pour le créancier hypothécaire qui s'est fait déléguer le bénéfice de la police d'assurance), que la plupart de ceux qu'on supprime : c'est le privilège de l'abordé.

Toutefois, ces critiques n'ont qu'une portée secondaire et ne peuvent être mises en balance avec l'intérêt immense qui s'attache à l'ensemble des quatre traités proposés. Par conséquent, si l'unification du droit ne peut se réaliser autrement, il faudra se résoudre à la payer au prix que les Anglais y mettent et les Français, notamment, devront renoncer à leur système de privilège maritime qui, dans son ensemble, est formaliste, vieilli, compliqué et souvent peu efficace.

Tel a été le sentiment de la Chambre de Commerce du Havre qui a émis un avis très favorable à l'adoption des quatre traités en recommandant seulement que les délégués du Gouvernement français à la Conférence de Bruxelles insistent sur quelques points notamment, pour obtenir le maintien des privilèges attachés aux frais de pilotage, de remorquage, et aux sommes dues pour réparations lorsque le navire est entré endommagé dans un port, et l'extension de 6 mois à un an, du montant des gages privilégiés du Capitaine et de l'équipage.

En résumé, les quatre projets de Loi uniforme élaborés dans les Conférences internationales et présentés par le Comité Maritime International, sous forme de traités, représentent comme l'exprime exactement la résolution finale votée à Venise. une transaction raisonnable entre les Législations et les intérêts des différents pays et leur adoption comme loi positive universelle, réaliserait un progrès immense dans le domaine du droit comme dans celui de la pratique.

J'ajoute qu'un Etat qui a grand souci d'adapter ses lois à l'évolution des idées et des faits et qui, à cet égard, peut être pris comme modèle, j'ai nommé la Belgique, vient d'incorporer dans sa Législation, sans changement notable, les textes arrêtés à Venise. La loi Belge du 10 Février 1908, sur la navigation, qui a modifié profondément une grande partie de la loi du 21 Août 1879, est le premier résultat positif obtenu par les promoteurs de l'unification du droit maritime. La place que la Belgique occupe dans le monde ne se mesure pas à ses dimensions géographiques, mais bien plutôt à sa richesse économique et industrielle et à son œuvre législative et sociale. Sa neutralité politique lui permet, comme a la Hollande, de servir de trait d'union entre les nations pour travailler efficacement aux progrès du droit international.

La France a accepté avec empressement les invitations aux Conférences de Bruxelles. Mais pour que l'entente se réalise entre tant de peuples qui ont des idées juridiques divergentes et qui se laissent souvent dominer par des intérêts particuliers, il faut que chacun soit bien convaincu qu'on ne peut pas tirer toute la

couverture à soi et que le bienfait de l'uniformité vaut bien le sacrifice de quelques
préférences. Je croirai avoir fait œuvre utile
si je vous ai suffisamment convaincus de la
nécessité d'unifier le droit maritime pour vous
décider à répandre dans vos pays respectifs,
par la parole et par la plume, les idées que
j'ai eu l'honneur de vous exposer.

Imp. du JOURNAL DU HAVRE

11, Quai d'Orléans